ANIMALS
That Make a Difference!

Squirrels
Les écureuils

Ashley Lee

Explore other books at:
WWW.ENGAGEBOOKS.COM

VANCOUVER, B.C.

e WWW.ENGAGEBOOKS.COM

Squirrels: Level 1 Bilingual (English/French) (Anglais/Français)
Animals That Make a Difference!
Lee, Ashley 1995 –
Text © 2021 Engage Books
Edited by: A.R. Roumanis and Lauren Dick
Translated by: Amanda Yasvinski
Proofread by: Josef Oberwinzer

Text set in Arial Regular.
Chapter headings set in Arial Black.

FIRST EDITION / FIRST PRINTING

LIBRARY AND ARCHIVES CANADA CATALOGUING IN PUBLICATION

Title: Animals That Make a Difference: Squirrels Level 1 Bilingual (English / French) (Anglais / Français)
Names: Lee, Ashley, author.

ISBN 978-1-77476-420-6 (hardcover)
ISBN 978-1-77476-419-0 (softcover)

Subjects:
LCSH: Squirrels—Juvenile literature
LCSH: Human-animal relationships—Juvenile literature

Classification: LCC QL737.R68 L44 2020 | DDC J599.36—DC23

Contents
Table des matières

What Are Squirrels?
Que sont les écureuils ?

Squirrels are rodents.
Les écureuils sont des rongeurs.

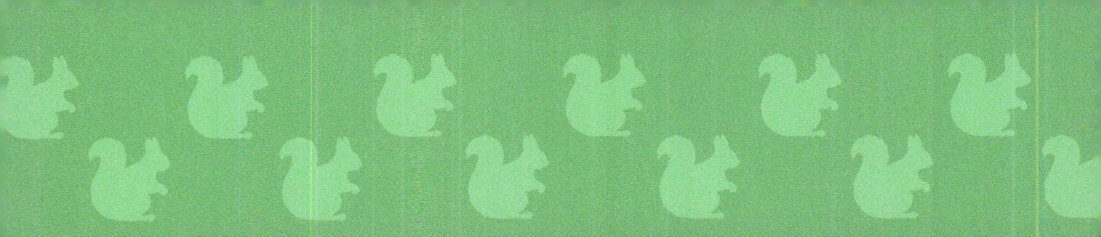

Rodents have long front teeth.
Les rongeurs ont de longues dents de devant.

What Do Squirrels Look Like?
À quoi ressemblent les écureuils ?

The largest squirrels are 3 feet (1 meter) long from their nose to the end of their tail. The smallest squirrels are only 5 inches (13 centimeters) long.

Les plus gros écureuils mesurent 3 pieds (1 mètre) de long de leur nez à l'extrémité de leur queue. Les plus petits écureuils ne mesurent que 5 pouces (13 centimètres) de long.

A squirrel's tail is long and bushy.
La queue d'un écureuil est longue et touffue.

Squirrels have sharp front teeth that never stop growing.
Les écureuils ont des dents de devant acérées qui ne cessent jamais de grandir.

Squirrels have four fingers on each front paw. They also have short thumbs for gripping.
Les écureuils ont quatre doigts sur chaque patte avant. Ils ont également des pouces courts pour la préhension.

Where Do Squirrels Live?
Où vivent les écureuils ?

Squirrels live all over the world. The only place they are not found is in Australia. Some squirrels live in trees and some live underground. Les écureuils vivent partout dans le monde. Le seul endroit où ils ne sont pas trouvés est en Australie. Certains écureuils vivent dans les arbres et certains vivent sous terre.

Three-striped palm squirrels are found in India and Sri Lanka. Japanese dwarf flying squirrels can only be found in Japan.

Les écureuils palmistes à trois rayures se trouvent en Inde et au Sri Lanka. Les écureuils volants nains japonais ne peuvent être trouvés qu'au Japon.

Atlantic Ocean
L'océan Arctique

Japan
Le Japon

Europe
L'Europe

Asia
L'Asie

India
L'Inde

Pacific Ocean
L'océan Pacifique

Africa
L'Afrique

Atlantic Ocean
L'océan Atlantique

Indian Ocean
L'océan Indien

Sri Lanka
Le Sri Lanka

Southern Ocean
L'océan Austral

2,000 miles
2,000 miles
0

0
4,000 kilometers
4,000 kilomètres

N

Legend Légende
☐ Land La Terre
☐ Ocean L'Océan

9

What Do Squirrels Eat?
Que mangent les écureuils ?

Squirrels mostly eat nuts, seeds, and plants. They also eat small insects, fruit, and tree sap.

Les écureuils mangent principalement des noix, des graines et des plantes. Ils mangent également de petits insectes, des fruits et de la sève d'arbre.

Some squirrels hide their food. They bury it in the soil for later.

Certains écureuils cachent leur nourriture. Ils l'enterrent dans le sol pour plus tard.

How Do Squirrels Talk to Each Other?

Comment les écureuils se parlent entre eux ?

Squirrels make sounds to call other squirrels or warn them of danger. Some squirrels will scream when they are scared.

Les écureuils émettent des sons pour appeler d'autres écureuils ou les avertir du danger. Certains écureuils crient lorsqu'ils ont peur.

Squirrels wave their tails back and forth when they are attacked. This makes them look bigger and can scare other animals.

Les écureuils agitent leur queue d'avant en arrière lorsqu'ils sont attaqués. Cela les fait paraître plus gros et peut effrayer les autres animaux.

13

Squirrel Life Cycle
Cycle de vie de l'écureuil

Baby squirrels are born hairless and blind. Their eyes stay closed for about one month. Les bébés écureuils naissent sans poils et aveugles. Leurs yeux restent fermés pendant environ un mois.

Young squirrels cannot leave their mother's nest for about 40 days. Les jeunes écureuils ne peuvent pas quitter le nid de leur mère pendant environ 40 jours.

Young squirrels make their own nests when they are about two months old.
Les jeunes écureuils font leur propre nid vers l'âge de ceux mois.

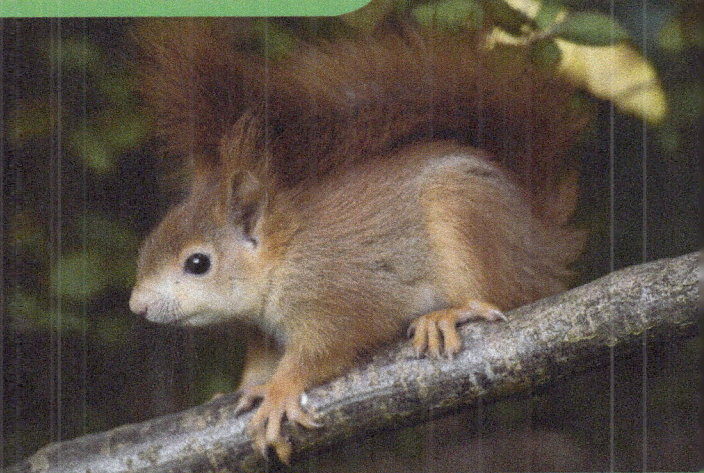

Some types of squirrels live longer than others. Eastern gray squirrels can live for up to 12 years. Tiny antelope ground squirrels only live for about one year.
Certains types d'écureuils vivent plus longtemps que d'autres. Les écureuils gris peuvent vivre jusqu'à 12 ans. Les petits écureuils-antilopes vivent seulement environ un an.

Curious Facts About Squirrels

Some squirrels sort their food into groups before burying it. They may sort their nuts by type or size. Certains écureuils trient leur nourriture en groupes avant de l'enterrer. Ils peuvent trier leurs noix par type ou par taille.

Squirrels sometimes pretend to bury their nuts. This is meant to trick any thieves who may be watching. Les écureuils font parfois semblant d'enterrer leurs noix. C'est pour tromper tous les voleurs qui regardent.

Squirrels can find their buried food under one foot of snow. Les écureuils peuvent trouver leur nourriture enfouie sous un pied de neige.

Faits curieux sur les écureuils

Some squirrels have pouches in their cheeks for storing food.
Certains écureuils ont des poches dans leurs joues pour conserver la nourriture.

Squirrels are one of the few animals that can run down a tree head first.
Les écureuils sont l'un des rares animaux à pouvoir descendre un arbre avec la tête tournée vers le sol.

Squirrels were a common pet in North America about 200 years ago.
Les écureuils étaient un animal de compagnie commun en Amérique du Nord il y a environ 200 ans.

17

Kinds of Squirrels
Types d'écureuils

There are more than 250 different kinds of squirrels. These are split into three groups. The squirrels in each group are similar.

Il existe plus de 250 types différentes d'écureuils. Ceux-ci sont divisés en trois groupes. Les écureuils de chaque groupe sont similaires.

Tree squirrels are the most common type of squirrel. They live in trees and are great climbers.

Les écureuils arboricoles sont le type d'écureuil le plus commun. Ils vivent dans les arbres et sont des grimpeurs fantastiques.

Flying squirrels have a thin layer of skin between their front and back legs. This acts like a pair of wings when they jump between trees. Les écureuils volants ont une fine couche de peau entre leurs pattes avant et arrière. Cela agit comme une paire d'ailes quand ils sautent entre les arbres.

Ground squirrels live underground. They are often found in large groups. Les écureuils terrestres vivent sous terre. On les trouve souvent en grands groupes.

How Squirrels Help Other Animals

Comment les écureuils aident les autres animaux

Squirrels are food for other animals.

Les écureuils sont de la nourriture pour d'autres animaux.

There would be less wolves, snakes, and large birds without squirrels for them to eat.
Il y aurait moins de loups, de serpents et de gros oiseaux sans écureuils à manger.

How Squirrels Help Earth
Comment les écureuils aident la Terre

Squirrels bury nuts and seeds in many different spots. Sometimes squirrels cannot remember where they hid their food.

Les écureuils enterrent les noix et les graines dans de nombreux endroits différents. Parfois, les écureuils ne peuvent pas se souvenir où ils ont caché leur nourriture.

Some buried nuts and seeds grow into new plants. Many plants would not grow without help from forgetful squirrels.

Certaines noix et graines enterrées deviennent de nouvelles plantes. De nombreuses plantes ne pousseraient pas sans l'aide d'écureuils oublieux.

How Squirrels Help Humans
Comment les écureuils aident les humains

Some squirrels hibernate during the winter. This means they sleep until the weather gets warmer.

Certains écureuils hibernent pendant l'hiver. Cela signifie qu'ils dorment jusqu'à ce que le temps se réchauffe.

Scientists are studying how squirrels hibernate. This may help them make new medicine for people with heart problems. Les scientifiques étudient comment les écureuils hibernent. Cela peut les aider à fabriquer de nouveaux médicaments pour les personnes souffrant de problèmes cardiaques.

Squirrels in Danger
Les écureuils en danger

Red squirrels are endangered. This means there are very few of them left.

Les écureuils roux sont en voie de disparition. Cela signifie qu'il en reste très peu.

Red squirrels live in England, Wales, Ireland, and Scotland. Gray squirrels were brought to these countries from North America. They brought a germ with them that harms red squirrels.

Les écureuils roux vivent en Angleterre, au Pays de Galles, en Irlande et en Écosse. Des écureuils gris ont été amenés dans ces pays d'Amérique du Nord. Ils ont apporté avec eux un germe qui nuit aux écureuils roux.

How To Help Squirrels
Comment aider les écureuils

Garbage can end up in places animals live. Squirrels can get hurt if they get trapped in a piece of garbage. They can also get sick if they try to eat it.

Les détritus peuvent se trouver dans les endroits où vivent les animaux. Les écureuils peuvent être blessés s'ils sont pris au piège dans des ordures. Ils peuvent également tomber malades s'ils essaient de les manger.

Many people are cleaning forests. They pick up garbage and take it to a landfill. This helps keep squirrels safe.

De nombreuses personnes nettoient les forêts. Ils ramassent les ordures et les déposent dans une décharge. Cela aide à garder les écureuils en sécurité.

Quiz
Quiz

Test your knowledge of squirrels by answering the following questions. The questions are based on what you have read in this book. The answers are listed on the bottom of the next page.

Testez vos connaissances sur les écureuils en répondant aux questions suivantes. Les questions sont basées sur ce que vous avez lu dans ce livre. Les réponses sont listées au bas de la page suivante.

1 What is the only place squirrels are not found?
Quel est le seul endroit où les écureuils ne sont pas trouvés?

2 What do some squirrels do when they are scared?
Que font certains écureuils quand ils ont peur?

3 How long do a baby squirrel's eyes stay closed?
Combien de temps les yeux d'un bébé écureuil restent-ils fermés?

4 How do squirrels sometimes trick thieves?
Comment les écureuils trompent-ils parfois les voleurs?

5 How many different kinds of squirrels are there?
Combien de types d'écureuils différents existe-t-il?

6 What does it mean when squirrels hibernate during winter?
Qu'est-ce que cela signifie lorsque les écureuils hibernent en hiver?

Explore other books in the Animals That Make a Difference series.

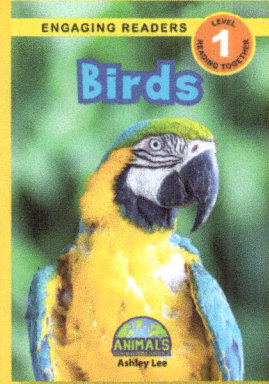

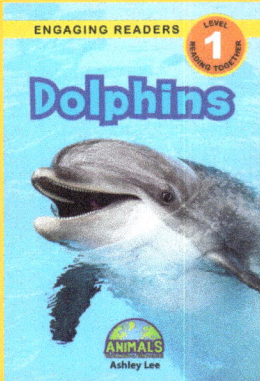

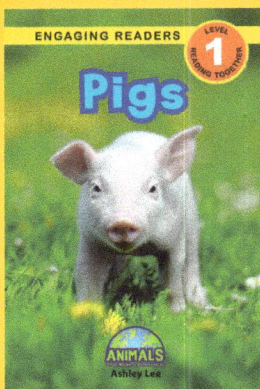

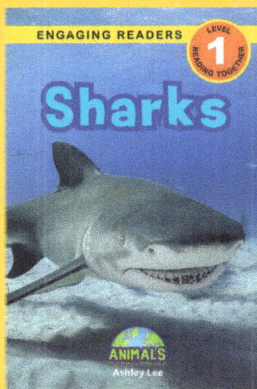

ENGAGING READERS — LEVEL 1 READING TOGETHER
Bees
Jared Siemens

ENGAGING READERS — LEVEL 1 READING TOGETHER
Bats
Ashley Lee

ENGAGING READERS — LEVEL 1 READING TOGETHER
Birds
Ashley Lee

ENGAGING READERS — LEVEL 1 READING TOGETHER
Dolphins
Ashley Lee

ENGAGING READERS — LEVEL 1 READING TOGETHER
Horses
Ashley Lee

ENGAGING READERS — LEVEL 1 READING TOGETHER
Lady Bugs
Ashley Lee

ENGAGING READERS — LEVEL 1 READING TOGETHER
Pigs
Ashley Lee

ENGAGING READERS — LEVEL 1 READING TOGETHER
Sharks
Ashley Lee

ENGAGING READERS — LEVEL 1 READING TOGETHER
Squirrels
Ashley Lee

Visit www.engagebooks.com to explore more Engaging Readers.